Original title:
The Forgotten Orchid

Copyright © 2025 Creative Arts Management OÜ
All rights reserved.

Author: Lucas Harrington
ISBN HARDBACK: 978-1-80581-875-5
ISBN PAPERBACK: 978-1-80581-402-3
ISBN EBOOK: 978-1-80581-875-5

The Veil of Disengaged Fragrance

In a garden where scents forgot to bloom,
A flower sat quietly, plotting its doom.
It sighed to the breeze, 'What a curious plight,
Why do my perfumes vanish from sight?'

With petals like curtains, it threw a grand show,
But the bees just chuckled, moved on with the flow.
'Your aroma's a mystery, lost in the mist,
Join us tomorrow, perhaps we'll persist!'

Derechos de autor © 2024

Todos los derechos reservados. Ninguna parte de esta publicación puede ser reproducida, distribuida o transmitida de ninguna forma ni bajo ningún medio, incluyendo fotocopias, grabaciones u otros métodos electrónicos o mecánicos, sin el permiso previo por escrito del editor, excepto en el caso de citas breves incluidas en reseñas críticas y otros usos no comerciales permitidos por la ley de derechos de autor.

En este libro aparecen nombres de marcas comerciales. En lugar de utilizar un símbolo de marca comercial cada vez que aparece un nombre de marca comercial, los nombres se utilizan de forma editorial, sin intención de infringir la marca comercial del propietario respectivo. La información de este libro se distribuye "tal cual", sin garantía. Aunque se han tomado todas las precauciones necesarias en la preparación de esta obra, ni el autor ni el editor tendrán responsabilidad alguna ante ninguna persona o entidad con respecto a cualquier pérdida o daño causado o supuestamente causado directa o indirectamente por la información contenida en este libro.

Cuanto más leas, más cosas sabrás. Cuanto más aprendas, más lugares visitarás.

- Dr. Seuss

Índice

Introducción	ix
1. El concepto	1
2. La construcción del barco	5
3. El producto final	9
4. Las pruebas de navegación	19
5. Comienza el viaje inaugural	21
6. El impacto	27
7. La evacuación y el hundimiento	33
8. El impacto inmediato	45
9. El rescate y respuesta	47
10. Las secuelas	51
11. El legado en los medios	55
12. El impacto cultural	61
Conclusión	68

Introducción

Es el año 1912. Imagine siendo uno de los afortunados que aborda un barco que supera a cualquier otro buque de pasajeros del mercado. Se acomoda en su camarote, disfruta de comidas lujosas y se mezcla con personas de todas las clases sociales. Pasa cuatro días disfrutando de esta rutina. Sin embargo, al quinto día ocurre una tragedia que lo lleva a pasar la noche nadando en aguas heladas, perdiendo poco a poco la vida.

Este fue el destino de muchos pasajeros del RMS Titanic, un transatlántico de pasajeros de la compañía White Star Line designado como "RMS" (Royal Mail Ship), un barco autorizado para transportar correo bajo el patrocinio del Royal Mail. Antes de su viaje inaugural, el 10 de abril de 1912, el barco se consideraba prácticamente insumergible. Sin embargo, el 15 de abril, quedó demostrado que esta afirmación era completamente falsa, ya que más de la mitad de los pasajeros perdieron la vida tras su hundimiento. Aquellos que sobrevivieron quedaron profundamente traumatizados, anhelando al mismo tiempo compartir sus historias. La sociedad los acompañó en su duelo, erigiendo monumentos conmemorativos y creando museos que aún reciben financiamiento.

Desde el hundimiento del Titanic, diversas historias han cautivado a la sociedad. Se han realizado películas sobre el suceso y se ha intentado visitar los restos del naufragio. Sin embargo, pocos conocen la historia completa del desafortunado barco.

La catástrofe era completamente evitable y los resultados del hundimiento podrían haberse sorteado con una mejor preparación. El pánico y el caos causaron más muertes que el propio naufragio. Las regulaciones industriales de la época también influyeron parcialmente en el suceso. La historia está impregnada de pesar y tristeza, pero también sirve como una valiosa advertencia contra la precipitación y los excesos; nos recuerda los peligros de tomar decisiones apresuradas y de subestimar los riesgos en la búsqueda del lujo y prestigio.

El concepto

El RMS *Titanic* surgió como parte de un proyecto que involucraba un trío de barcos. La compañía White Star Line, con sede en Belfast (Irlanda), decidió crear este trío de buques, todos destinados a ser los más potentes y lujosos del mar. El RMS *Titanic* no fue concebido para navegar en solitario; se planeaba que estuviera asociado con dos buques gemelos, el RMS *Olympic* y el RMS *Britannic*.

Esta idea respondía al deseo de White Star Line de superar a sus rivales. Cunard, otra compañía británica, había construido recientemente el *Lusitania* y el *Mauretania*, considerados los barcos de pasajeros más rápidos de la época. Además, dos compañías alemanas, Hamburg America y Norddeutscher Lloyd, también estaban desarrollando barcos para competir con los de Cunard. Estas compañías representaban una gran amenaza para White Star Line, que temía perder prestigio de no poder competir al mismo nivel.

Dado que era difícil superar a los barcos de Cunard en términos de velocidad, White Star Line optó por centrarse en la construcción de embarcaciones de gran tamaño y comodidad, apostando por diferenciarse en otros aspectos.

El trío de barcos también representó un papel crucial en la modernización de la flota de White Star Line. La flota existente requería el uso de cuatro buques para satisfacer la demanda del sector. Estos buques, el RMS *Teutonic*, el RMS *Adriatic*, el RMS *Majestic* y el RMS *Oceanic*, estaban destinados a ser retirados y reemplazados a medida que su tecnología se volvía obsoleta.

Estos factores llevaron a conversaciones entre el presidente de White Star Line, J. Bruce Ismay, y J.P. Morgan, el magnate estadounidense propietario de la empresa matriz de White Star Line, conocida como International Mercantile Marine Company. Durante estas discusiones, surge la idea de crear un nuevo trío de barcos, entre ellos el *Titanic*. El nombre de esta embarcación fue inspirado en los Titanes de la mitología griega, antepasados de los dioses y diosas, famosos por su inmenso tamaño y poderío. Se pretendía que el *Titanic* reflejara estas cualidades. Este barco de pasajeros formaría parte de la nueva flota de White Star Line, junto al el *Britannic* y el *Olympic*.

La empresa de construcción naval Harland & Wolff fue seleccionada para llevar a cabo el proyecto, siendo la opción preferida debido a su prolongada y sólida asociación con White Star Line. Wilhelm Wolff diseñó inicialmente el buque, mientras que Edward James Harland perfeccionó el modelo. Se les instruyó que no escatimaran en gastos para así asegurar que los barcos fueran de la más alta calidad posible. Inicialmente, se estableció un presupuesto límite de tres millones de dólares para los dos primeros barcos. Sin embargo, el límite era negociable y flexible, permitiendo la posibilidad de añadir más fondos de ser necesario.

Harland y Wolff involucraron a numerosos diseñadores para trabajar en el proyecto, reconociendo la importancia de la nueva línea de barcos, la cual requería un equipo de trabajo más amplio. Lord Pirrie asumió el papel de director del proyecto, mientras que Thomas Andrews, un destacado arquitecto naval, desempeñó funciones como director general. Edward Wilding se encargó de calcular las dimensiones del diseño del buque, mientras que Alexander Carlisle fue designado como dibujante principal, responsable primordialmente de las partes ornamentales de los barcos. Sin embargo, a este último también se le encargó la tarea de desarrollar un sistema de botes salvavidas confiable.

El diseño fue presentado a los ejecutivos de la White Star Line en julio de 1908, quienes lo aprobaron rápidamente y redactaron tres cartas de acuerdo. Poco después, dio inicio la construcción del barco.

La construcción del barco

La construcción del *Titanic* fue un proyecto que abarcó más de dos años, desde el 31 de marzo de 1909 hasta abril de 1912, en los astilleros de Harland & Wolff en Belfast, Irlanda del Norte. Antes de que comenzara la construcción del buque, la empresa tuvo que idear un método para manejar los materiales necesarios, ya que nunca antes se había construido un barco de tales dimensiones. De hecho, se decía que nunca antes se había creado un objeto de ese tamaño.

Esto llevó a la creación de dos rampas especiales que permitían que las embarcaciones se movieran dentro y fuera del agua. Harland & Wolff diseñó estas rampas con características especiales, incluyendo una grúa flotante capaz de levantar objetos increíblemente pesados hasta los barcos sin hundirse. Para construir estas rampas, fue necesario demoler tres más pequeñas. Las nuevas rampas solo podían construirse utilizando un pórtico especial de más de sesenta y nueve metros de altura.

La construcción comenzó con la colocación de la quilla, que servía como base del barco, seguida por la creación del casco metálico alrededor de ella. Además, el barco se equipó con cuatro grandes chimeneas visibles, algunas ornamentales, diseñadas para emular la imponente apariencia de las embarcaciones de la competencia.

El casco estaba dividido en dieciséis compartimentos a prueba de agua. La idea era que si un compartimento sufría daños, el agua solo entraría en esa área. Se suponía que esto permitiría que el barco permaneciera a flote incluso en caso de daños, al menos durante un período de tiempo suficiente que permitiera llevar a cabo una evacuación de emergencia a través de los botes salvavidas.

El buque fue equipado con 159 hornos, los cuales suministraban combustible a través de veintinueve calderas y luego hacia el motor. Para almacenar el combustible, se construyeron carboneras, capaces de contener más de seis mil toneladas de carbón en caso de ser necesario. Además, el barco estaba equipado con dos anclas laterales y un ancla central. El ancla central, la más grande forjada a mano de la época, tenía un peso de dieciséis toneladas.

Durante la construcción del buque ocho personas perdieron la vida, lamentablemente, debido a los peligros inherentes al trabajo. Estas muertes representaron una pequeña fracción de las tragedias que el barco causaría eventualmente. Además de las víctimas mortales, más de doscientas personas resultaron heridas en el proceso de construcción, de las cuales veintiocho sufrieron lesiones graves.

El producto final

El resultado fue una embarcación de 270 metros de longitud, 53 metros de altura y 28 metros de anchura. El barco estaba compuesto por siete cubiertas y numerosas salas. Además, estaba equipado con ascensores eléctricos que facilitaban el desplazamiento de los pasajeros de un piso a otro. Entre las comodidades a bordo se incluían una cubierta para tomar el sol y un gimnasio. También disponía de alojamientos para los oficiales, una oficina de correos, una oficina de información y un bar.

Algunas áreas del barco solo eran accesibles para ciertas clases de pasajeros, dependiendo del precio de sus boletos, lo que reflejaba la estratificación social de la época. Asimismo, ciertas comodidades no estaban disponibles para las clases más bajas. Por ejemplo, mientras que los pasajeros de primera clase podían utilizar varios ascensores, los de segunda clase solo tenían acceso a uno específico. Los pasajeros de tercera clase no tenían acceso a ningún ascensor y debían usar las escaleras. Los pasajeros de primera clase también disfrutaban del ingreso a varios restaurantes y tiendas exclusivas, ubicados en pisos superiores a los de segunda y tercera clase, lo que les proporcionaba un mayor acceso a las cubiertas abiertas.

Los pasajeros de tercera clase tenían que lidiar con los aspectos más desfavorables del viaje marítimo. Sus camarotes y servicios estaban situados en la popa y proa del barco, lo que los exponía más a las turbulencias oceánicas y los hacía más propensos al mareo.

Además, los camarotes de tercera clase se encontraban en los niveles más bajos del barco. Esto se debía en parte a la necesidad de distribuir el peso, ya que el tamaño reducido de las habitaciones requirió una mayor cantidad de materiales para la construcción de las paredes. El piso de la segunda clase se ubicaba encima del de la tercera, y a su vez, el de la primera clase estaba encima de ambos. Esta disposición contribuía a que el barco fuera más estable, ya que el piso de tercera clase pesaba más que el de segunda, y este último a su vez, pesaba más que el de primera.

 En la parte inferior de la nave se encontraba toda la maquinaria pesada. La zona, conocida como Tank Top almacenaba una variedad de metales, incluyendo calderas, depósitos de agua, motores, carboneras y generadores. Estos equipos estaban asegurados al suelo mediante fijaciones metálicas para evitar que los movimientos del mar los desplazaran. Parte de esta maquinaria se elevaba por encima hacia los pisos superiores, a pesar de estar ubicada en el piso más alto del barco. Esta disposición creaba un diseño algo desconcertante para aquellos que no estaban familiarizados con él, ya que las máquinas atravesaban aleatoriamente las salas superiores del barco.

Las Cubiertas Orlop se encontraban sobre la Tank Top. En la Cubierta Orlop inferior, se almacenaba exclusivamente carga pesada, mientras que en la superior se guardaban tanto carga como otros artículos de primera necesidad. Esta cubierta estaba dividida en dos secciones debido a las máquinas situadas debajo de ella, lo que dificultaba el acceso directo de una parte a otra. Para cruzar de una zona a otra, era necesario utilizar los niveles superiores de la nave.

La parte delantera de la Cubierta Orlop superior servía como bodega de carga, diseñada para transportar automóviles. La parte trasera estaba destinada principalmente al almacenamiento de alimentos, equipada con refrigeradores y congeladores para preservar productos perecederos.

El siguiente nivel se conocía como la Cubierta Inferior, o Lower Deck, dividida igualmente en dos secciones que igualmente no podían ser atravesadas por completo sin subir a un piso superior. En la parte delantera de este nivel se ubicaban los alojamientos de los trabajadores y los pasajeros de tercera clase, y se almacenaban también las pertenencias de los pasajeros de segunda y primera clase. También se encontraba una oficina de correos y una pista de squash, con una escalera especial que conducía al bar, situado varios pisos más arriba. La parte trasera de la Cubierta Inferior era una mezcla de alojamientos de tercera clase y almacenes.

En el siguiente nivel se encontraba la Cubierta Media, o Middle Deck. A diferencia de las cubiertas inferiores, esta cubierta no estaba dividida. La mayor parte estaba ocupada por camarotes de tercera clase y algunos de segunda. En esta planta se encontraban también algunos servicios menores, como lavanderías y comedores para pasajeros de tercera clase, así como alojamientos para el personal y camarotes de segunda clase.

La siguiente planta se denominaba Cubierta Superior, o Upper Deck. En la proa se ubicaban los camarotes de tercera clase, mientras que en la banda de estribor se encontraban algunos camarotes de primera clase. La zona central estaba principalmente ocupada por alojamientos para el personal y algunos camarotes de segunda clase.

Sobre la Cubierta Superior se encontraba la Cubierta del Salón, o Saloon Deck. En esta área se situaban los camarotes de la tripulación, la pasarela de tercera clase, los alojamientos de primera clase, la gran escalera y el salón principal de recepción. Asimismo, se encontraban el comedor de segunda clase, el comedor de primera clase, las cocinas principales, algunos camarotes de segunda clase y un pequeño número de alojamientos de tercera clase.

Sobre el Saloon Deck se encontraba el Shelter Deck (Cubierta de Resguardo), el cual constaba de camarotes y un comedor para la tripulación, la cocina, la biblioteca de segunda clase, la pasarela de segunda clase, el salón de tercera clase, algunas habitaciones de primera clase y alojamientos adicionales para criadas y sirvientes de los pasajeros de primera clase.

Continuando hacia arriba, estaba el Bridge Deck (Cubierta del Puente). Irónicamente, a pesar de su nombre, esta cubierta no  albergaba un puente, sino muchas habitaciones de primera clase. Algunas de estas habitaciones eran lujosas suites con salones y pasarelas privadas, además de habitaciones adicionales para los sirvientes de los pasajeros que ocupaban estas suites. Asimismo, en esta cubierta se encontraban un restaurante y una cafetería de primera clase, así como una zona de fumadores de segunda clase y una pasarela.

Sobre el Bridge Deck se encontraba el Promenade Deck (Cubierta de la Pasarela), exclusiva para la primera clase. La mayor parte de esta área fue diseñada como una pasarela al aire libre, aunque también albergaba otros espacios, incluyendo varios salones, un salón de escritura y algunas habitaciones para alojamiento. Encima de esta cubierta se situaba el Boat Deck (Cubierta de Botes), que albergaba a gran parte de la tripulación y algunos pasajeros de primera clase, así como los mecanismos para operar los botes salvavidas.

El *Titanic* estaba equipado con tres motores: dos motores de vapor y una turbina Parsons, con una potencia combinada de 30.000 caballos de fuerza. La parte exterior del barco fue construida con pino y teca, mientras que gran parte de su interior estaba revestida con corcho para absorber el exceso de humedad. El barco contaba con un timón de veinticuatro metros de largo, propulsado por dos motores de dirección. Además, disponía de un sistema de fontanería que dependía del abastecimiento de agua en puerto, así como de un sistema de destilación de emergencia para convertir agua de mar en agua dulce. También contaba con sistemas de calefacción y radiotelegrafía.

La embarcación contaba con veinte botes salvavidas. El primer tipo, conocido como estáncar, tenía una capacidad de hasta sesenta y cinco pasajeros cada uno, y había catorce de estos botes a bordo. El segundo tipo, plegable, podía albergar hasta cuarenta y siete personas cada uno, y había cuatro botes salvavidas plegables. Por último, había dos botes salvavidas conocidos como *cutters*, con capacidad para cuarenta personas cada uno. Estos botes estaban sujetos a pescantes, grúas especiales utilizadas para bajar los botes salvavidas. Aunque había suficientes pescantes para acomodar más botes salvavidas de los necesarios para más de cuatro mil pasajeros, la compañía decidió instalar sólo los suficientes para transportar a aproximadamente un tercio de los pasajeros previstos en el barco. Esto era técnicamente aceptable según las normativas de la época, que exigían que los barcos de más de 10.000 toneladas llevaran suficientes botes salvavidas para novecientos noventa pasajeros. Los botes salvavidas del *Titanic* tenían capacidad para poco más de mil personas, con la idea de que serían reutilizados en caso de emergencia para transferir pasajeros a botes de rescate más grandes.

El barco contaba con 833 habitaciones para pasajeros de primera clase, 614 habitaciones para pasajeros de segunda clase y más de mil habitaciones para pasajeros de tercera clase. Además, había casi mil habitaciones para la tripulación. Las habitaciones fueron diseñadas para emular la opulencia de los lujosos hoteles en tierra, adoptando estilos arquitectónicos tales como el Renacimiento, el Imperio y el Luis XV.

Los pasajeros de primera clase tenían acceso a una variedad de salas y actividades exclusivas, como su propia pista de squash, una gran piscina de agua salada, varios salones, restaurantes especiales, un baño turco con sala de vapor y masajes, una sala para fumadores y una sala de lectura y escritura, todos elegantemente decorados. Además, contaban con el Café Parisien y el Café Veranduh, que ofrecían café y bebidas refrescantes al estilo de los cafés más populares de otros países.

Aunque los pasajeros de tercera clase disponían de menos servicios recreativos en comparación con los de primera, disfrutaban de un alojamiento superior al de la mayoría de los buques de la época. Aunque había dormitorios abiertos, también tenían acceso a pequeños camarotes. Asimismo, a pesar de no tener acceso a las áreas de entretenimiento más lujosas, podían utilizar los espacios de reunión social, una sala de fumadores y su propia zona de lectura.

Las pruebas de navegación

Ocho días antes del viaje inaugural del *Titanic* comenzaron las pruebas de navegación. Durante estas pruebas, aproximadamente 110 trabajadores estaban a bordo, más de la mitad de ellos eran engrasadores y bomberos, mientras que el resto eran miembros de la tripulación en general. También participaron representantes de varias empresas, incluida Harland & Wolff. Dos operadores de radio estaban presentes, junto con un inspector de la Junta de Comercio, cuya función era garantizar la idoneidad del buque para su uso.

Estas pruebas no consistían simplemente en un viaje; involucraban diversas maniobras y movimientos que debían ejecutarse de manera específica. Se examinaron las diferentes velocidades del barco, así como sus capacidades de giro y frenado, tanto en Belfast Lough como en el Mar de Irlanda. El inspector a bordo dio su aprobación al barco, declarándolo apto para navegar durante los siguientes doce meses.

Comienza el viaje inaugural

El *Titanic* zarpó del puerto de Southampton el 10 de abril de 1912 con destino a Nueva York, cruzando el océano Atlántico. Tenía previsto regresar vía Plymouth, Inglaterra. La nave realizaría este viaje cada tres semanas, alternando con otros buques de la White Star Line, lo que permitiría a los pasajeros acceder a la ruta semanalmente.

En su viaje inaugural, la embarcación llevaba a bordo una tripulación de 885 personas. El capitán Edward John Smith, uno de los más respetados de la White Star Line, estaba al mando. Además de la tripulación principal contratada a largo plazo por la compañía, había un número significativo de trabajadores que se habían unido pocos días antes de la salida, dispuestos a realizar diversas tareas.

Sesenta y seis personas se desempeñaban en labores de cubierta, mientras que 325 estaban asignadas a tareas relacionadas con la maquinaria. El resto de la tripulación integraba el departamento de abastecimiento, responsabilizándose de la preparación de alimentos, el cuidado de la ropa de cama y la atención a las necesidades de los pasajeros. Del total de la tripulación, solo veintitrés eran mujeres y la mayoría de ellas desempeñaban funciones como camareras. Además, una parte importante de la tripulación provenía de Southampton, mientras que solo un reducido porcentaje viajó desde otras regiones para poder formar parte de la tripulación.

En cuanto a los pasajeros, el *Titanic* estaba por debajo de su capacidad para su viaje inaugural. Una huelga de carbón afectó los horarios de muchos barcos, lo que llevó a los viajeros a reprogramar sus travesías para evitar contratiempos. Afortunadamente, la huelga terminó días antes de la partida del barco. No obstante, esto dejó poco margen de tiempo para que otras personas adquirieran boletos adicionales. Al final, alrededor de 1.300 pasajeros compraron billetes para el viaje inaugural, representando aproximadamente un tercio de la capacidad de carga del buque. Se cree que cierto grupo de pasajeros no logró embarcar, lo que redujo aún más la cifra final.

La huelga del carbón también repercutió en el *Titanic*. Su partida fue solo posible gracias a que la compañía White Star Line destinó carbón de sus otras embarcaciones para el viaje del *Titanic*. Sin este recurso proveniente de otras naves, el viaje habría tenido que ser pospuesto.

Los boletos para el viaje eran costosos. Los pasajeros de tercera clase desembolsaron 80 dólares por el viaje, lo que equivaldría a unos 857 dólares actuales. Mientras tanto, los boletos de primera clase alcanzaron valores de hasta 932 dólares, equivalentes a casi 100.000 dólares en la actualidad.

Llegado el día de zarpar, los pasajeros comenzaron a llegar al muelle de Southampton alrededor de las 9:30 de la mañana del 10 de abril de 1912. Dado que los pasajeros de tercera clase superaban en número a los pasajeros de las otras dos clases, estos fueron los primeros en embarcar. Las otras dos clases subieron a bordo más cerca de la hora de salida. El capitán Smith saludó a los pasajeros de primera clase como parte de un privilegio especial. Entretanto, los pasajeros de tercera clase fueron sometidos a inspecciones especiales para asegurar que no portaran enfermedades que pudieran propagarse en Estados Unidos.

El barco zarpó al mediodía con 920 pasajeros a bordo y casi inmediatamente después de iniciar el viaje ocurrió un incidente. El Titanic pasó cerca de dos embarcaciones más pequeñas atracadas, el SS *City of New York* y el *Oceanic*. Su enorme desplazamiento hizo que ambos barcos más pequeños fueran levantados por una saliente de agua y luego cayeran repentinamente, provocando la rotura de uno de los cables de amarre del SS *City of New York* y haciendo que este se balanceara hacia el *Titanic* con la popa primero. Un remolcador que se encontraba cerca, el *Vulcan*, vino al rescate tomando el control del SS *City of New York* y evitando una colisión por apenas 1,2 metros. Este contratiempo resultó en un retraso de una hora para el *Titanic*.

El trayecto del *Titanic* comenzó a través del Canal de la Mancha, recogiendo pasajeros con destino a Nueva York en un viaje de cinco días. La primera parada fue en Cherburgo, un puerto francés donde se embarcaron 274 pasajeros. Luego, el barco se detuvo en Queenstown, en el puerto de Cork, para recoger más pasajeros. Siguió la costa irlandesa durante ochenta y siete kilómetros antes de recorrer otros 2.719 kilómetros hasta llegar a la parte sureste de Terranova, conocida como "la esquina".

A medida que el barco se aproximaba a la zona, el capitán Smith recibió varias advertencias. Otros buques en el área de Grand Banks habían avistado icebergs a la deriva y varios pasajeros también señalaron la presencia de hielo flotando en el agua. Inicialmente, el capitán Smith ignoró estas advertencias y decidió avanzar a toda velocidad en lugar de reducirla.

Esta acción no se consideró particularmente arriesgada. Durante esa época de viajes marítimos, el hielo a la deriva era común y constituía un desafío para aquellos responsables de vigilar en busca de señales de peligro. Se esperaba que los barcos avanzaran rápidamente a pesar del peligro potencial, confiando en ojos agudos para detectar cualquier problema particularmente preocupante antes de que se convirtiera en una amenaza real. Además, los grandes barcos rara vez sufrían daños importantes por el hielo y las colisiones solían resultar en retrasos menores. Por lo tanto, se asumía que el hielo no representaba un riesgo grave para los buques en general.

Sin embargo, después de que el RMS *Baltic* reportara inquietudes adicionales sobre la presencia de hielo, el capitán Smith intentó cambiar el rumbo. Creyendo que si se desviaba hacia el sur podría evitar los grandes bloques de hielo observados por otros barcos, dirigió al *Titanic* hacia esa dirección. Lamentablemente, el hielo estaba presente en todas partes, incluyendo la zona sur. A pesar de que el SS *Amerika* transmitió esta información por radio, el mensaje nunca llegó al capitán del *Titanic*. Varios mensajes adicionales fueron enviados en ese momento, resaltando la cantidad de hielo presente en la zona.

El operador de radio no prestó atención a estas advertencias debido a que estaba ocupado ayudando a los pasajeros a enviar y recibir mensajes, ya que el equipo de radio de los pasajeros se había dañado el día anterior. Había una gran cantidad de mensajes que gestionar, lo que probablemente llevó a los operadores de radio a enfocarse más en estas tareas que en los avisos sobre la presencia de hielo. El operador Jack Phillips cometió otro error tras recibir el último mensaje de la noche. El *Californian* reportó su cese de movimiento debido a la gran cantidad de hielo en la zona, a lo que Phillips respondió al mensajero que "se callara" debido a que estaba ocupado con otras cosas. Mientras tanto, la mayoría de los pasajeros había empezado a retirarse a sus camarotes, sin ser conscientes del peligro inminente.

El impacto

En el momento del impacto, dos hombres tripulaban la cofa bajo las órdenes del primer oficial, William Murdoch. Estos hombres, Frederick Fleet y Reginald Lee, estaban expuestos a temperaturas gélidas, vigilando el horizonte mientras el barco se desplazaba a toda velocidad. El agua permanecía extrañamente en calma, una señal de la presencia de icebergs a la deriva. Esta tranquilidad hacía que los icebergs fueran difíciles de detectar, ya que los patrones habituales de las olas no eran visibles alrededor de ellos.

Adicionalmente, los vigías carecían del equipo adecuado. Un inconveniente en el punto de observación inicial impidió que tuvieran binoculares, aunque se cree que en esa oscuridad, los binoculares de la época no hubiesen sido de mucha ayuda. Ambos vigías observaron una misteriosa neblina en el horizonte al entrar en una zona conocida como el "Pasaje de Icebergs". Los expertos sugieren que esta neblina era un espejismo causado por la interacción de aire frío y caliente, lo que dificultaba a los vigías observar más allá de esa área.

A pesar de las limitaciones de visibilidad, Frederick Fleet avistó un iceberg a las 23:37 horas. Alertó al sexto oficial, James Moody, quien intentó una maniobra evasiva. Esta consistió en girar la caña del timón hacia estribor, lo que indujo un movimiento del barco en sentido contrario, comenzando por la proa y luego la popa. Sin embargo, un ligero retraso en las órdenes, combinado con un error al invertir la turbina central y la hélice, resultó en una maniobra lenta. Si el barco hubiera estado navegando a una velocidad mayor, habría existido la posibilidad de evitar el iceberg, aunque este escenario hubiese sido poco probable.

La maniobra logró evitar una colisión directa, pero el barco rozó el iceberg lateralmente. Cuando los motores se detuvieron, el hielo submarino rasgó la estructura del barco. Este comenzó a derivar lentamente hacia el sur, mientras que el casco se abrió en una línea no continua. Los daños variaban en intensidad en diferentes secciones, pero en total se extendían a lo largo de noventa y un metros. Se identificaron seis grietas generadas por el impacto del iceberg, todas ubicadas en las juntas donde se unían las placas del casco. Esto sugiere que las placas fueron empujadas fuera del barco durante la colisión lateral, posiblemente debido a la fragilidad de los remaches que las sujetaban. Específicamente, el tipo de remache utilizado era especialmente vulnerable en aguas frías, lo que aumentaba el riesgo de ruptura.

La percepción inicial fue que el daño era mínimo, pero pronto se tornó evidente que el barco estaba en peligro. A pesar de no haber señales de daños visibles por encima de la línea de flote, el agua comenzó a entrar a una velocidad alarmante: siete toneladas por segundo, una tasa inmanejable para las bombas disponibles.

Los primeros en ser alcanzados por el agua helada fueron los trabajadores James Hesketh y Frederick Barrett. Aunque trabajaban cerca de las calderas, lograron evacuar sus áreas de trabajo antes de que la tragedia se desatara. Las calderas, propensas a explotar al entrar en contacto con el agua helada, representaban un riesgo adicional. Aunque se había implementado un mecanismo de puertas herméticas para evitar esto, también existía el peligro de que los trabajadores quedaran atrapados en las salas inundadas. Entre grandes esfuerzos, comenzaron a ventilar el vapor y a apagar los fuegos para minimizar el riesgo de explosión. No obstante, el avance del agua fue tan rápido que, cuando completaron su tarea, ya estaban inmersos en las gélidas aguas.

Las cubiertas inferiores dependían de los mamparos para separar los distintos compartimentos y evitar que el agua fluyera de uno espacio a otro en caso de emergencia. Desafortunadamente, estos muros no contaban con un sellado completo en la parte superior, lo que permitía que el agua se desbordara de uno a otro compartimento cuando uno de ellos se inundaba. Este fue precisamente el escenario que se dio cuando el barco comenzó a inundarse. Aunque el *Titanic* podía seguir flotando con hasta dos compartimentos inundados, no pudo mantenerse a flote tras la rápida inundación de casi todas las cubiertas inferiores.

Al percatarse de la magnitud del problema, el capitán Smith consultó al constructor Thomas Andrews, quien diagnosticó que al menos cinco compartimentos estaban inundados y que el hundimiento era inevitable. Ante esta desalentadora conclusión, la única opción era la evacuación. Andrews estimó que el barco tenía aproximadamente dos horas antes de que se hundiera por completo.

Durante ese lapso de dos horas, el barco se inundó de forma irregular e impredecible. Comenzó a inclinarse verticalmente, adquiriendo un ángulo cada vez mayor de manera gradual, hasta que, de repente, se hundió rápidamente en una dirección.

La evacuación y el hundimiento

Poco después de la medianoche del 15 de abril, el capitán Smith comunicó la situación a los pasajeros. Los camareros recibieron la orden de notificar a todos los camarotes y reunir a los pasajeros en las cubiertas superiores. Se brindó asistencia adicional a los pasajeros de primera clase para empacar sus pertenencias, ya que el personal tenía menos camarotes que atender. Mientras tanto, los pasajeros de segunda y tercera clase fueron rápidamente despertados y dirigidos hacia las cubiertas superiores.

Algunos pasajeros se resistieron a abandonar sus camarotes, ignorando el peligro inminente. La falta de información directa sobre el hundimiento del barco contribuyó a esta actitud. Sin un anuncio explícito de la situación, muchos asumieron que se trataba de un mal menor y no estaban dispuestos a enfrentarse al frío por algo sin importancia.

En ese momento, la tripulación también comenzó a preparar los veinte botes salvavidas. Dieciséis botes estándar estaban sujetos a los 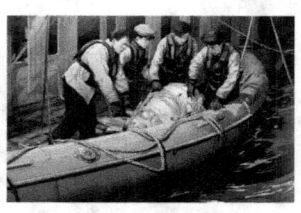 pescantes a lo largo de cada costado, ocho en cada uno. Además, había dos botes salvavidas plegables debajo de algunos de los botes de madera, mientras que otros dos estaban ubicados sobre los camarotes de los oficiales. La logística de lanzamiento de los botes plegables dependía de la disponibilidad de espacio libre en los pescantes, y mover los botes salvavidas ubicados sobre las cabinas de los oficiales representaba un desafío adicional, ya que requería ser transportados manualmente hasta los pescantes.

Asimismo, la cantidad de botes no era suficiente para evacuar a todos simultáneamente. Se necesitaba otro barco para transferir a los pasajeros de los botes, permitiendo que estos regresaran por más pasajeros. Desafortunadamente, no había ninguna embarcación adicional en los alrededores. A pesar de los intentos de los operadores de radio de enviar llamados de socorro, un error de ubicación de veinticuatro kilómetros dirigió el rescate a un lugar equivocado.

La razón por la cual había tan pocos botes salvavidas se debió al deseo de mantener un diseño y estética impecables durante la travesía; más botes salvavidas significaba comprometer la hermosa vista, un elemento que los diseñadores del *Titanic* se negaron a sacrificar. Por lo tanto, la supervivencia era un reto mayor sin la ayuda de otro barco.

Quince minutos después, los camareros dieron instrucciones adicionales a los pasajeros, instándoles a abrocharse los cinturones salvavidas. Sin embargo, muchos se mostraron renuentes. Algunos incluso se entretenían jugando con trozos de hielo acumulados en el barco. En ese momento, el capitán Smith comenzó a comprender la gravedad de la situación. Consciente de que solo contaba con botes salvavidas para una fracción de los pasajeros y de que su barco se hundía, la posibilidad de una tragedia inminente era palpable. Aun así, mantuvo la calma y asumió el liderazgo de la situación.

Inmediatamente, Smith se puso manos a la obra, evaluando los daños y preparando a la tripulación para las tareas venideras. Aunque la tripulación ya estaba ocupada con los preparativos de los botes salvavidas antes de recibir la confirmación del hundimiento y la mayoría de los pasajeros habían recibido instrucciones, Smith se aseguró de coordinar y supervisar personalmente cada aspecto. Asistió a varios miembros de la tripulación en sus labores y se encargó de manejar a los pasajeros más inquietos. A pesar de sus esfuerzos, Smith se dio cuenta de que el resto de la tripulación carecía de una adecuada preparación. La capacitación en el manejo de los botes salvavidas era insuficiente o inexistente, y la comunicación no se desarrollaba con la claridad y rapidez necesarias para una situación de emergencia tan grave como esa.

Antes del viaje, solo se había llevado a cabo un simulacro de manejo de los botes salvavidas, pero fue simple y poco práctico. Participaron menos de veinte miembros de la tripulación y se limitó a bajar los botes salvavidas al agua. No se incluyeron tareas cruciales como guiar a los pasajeros, cargar los botes con su peso total, bajarlos con seguridad, ni dirigirlos una vez en el agua. Aunque a cada miembro de la tripulación se le asignó un bote salvavidas para familiarizarse, pocos entendían el procedimiento exacto. Adicionalmente, muchos carecían de conocimientos sobre el manejo de los pescantes y no estaban entrenados en el remo. La tripulación estaba tan mal preparada que no se pudieron lanzar todos los dieciséis botes salvavidas estándar antes de que el barco se hundiera por completo. Haber añadido más botes salvavidas probablemente no habría servido de ayuda en vista de la falta de preparación del personal. Asimismo, aun cuando se planificó la inclusión de suministros de emergencia, cada bote salvavidas contenía solo lo mínimo, lo que aumentó la urgencia del rescate. Los supervivientes apenas tenían alimentos o escasas provisiones una vez que lograban escapar del barco naufragado.

Se dio la orden de priorizar el embarque de mujeres y niños en los botes salvavidas. Uno de los oficiales interpretó esto como una prohibición total de  que los hombres subieran a los botes, incluso si no había más mujeres o niños que ocuparan los asientos, bajando botes al agua con algunos asientos vacíos. Por el contrario, otro de los oficiales, el Primer Oficial Murdoch, permitió que los hombres ocuparan asientos si no había mujeres o niños cercanos por embarcar.

En las primeras etapas del naufragio, muchos pasajeros, al no percibir la gravedad de la situación, se negaron a subir a los botes salvavidas. El primer bote que partió solo llevaba veintiocho asientos ocupados de los sesenta y cinco disponibles, y otros botes también descendieron al agua con menos pasajeros de los previstos.

 Además de la escasa ocupación de los botes, hubo otros problemas. Algunos se atascaron o chocaron al descender, causando lesiones leves o moderadas. Las mujeres sufrían emocionalmente al verse obligadas a dejar atrás a sus esposos, muchos de los cuales perecerían en el barco. Algunos maridos

rogaron a sus esposas que subieran a los botes, ya que estas inicialmente se negaban a abandonarlos. Al final, algunas parejas decidieron enfrentar la tragedia juntas, sentadas de la mano, esperando su destino en las tumbonas de la cubierta.

Mientras una parte de la tripulación se esforzaba por convencer a los pasajeros de que abordaran los botes salvavidas y otra parte intentaba tripularlos, otros miembros de la tripulación se vieron obligados a mantener las operaciones básicas del barco. Esto incluía continuar liberando vapor de las calderas, utilizar bombas para extraer agua cuando fuera posible y mantener en funcionamiento los generadores para asegurar el suministro eléctrico. No obstante, muchos miembros de la tripulación perdieron la vida mientras realizaban estas tareas. Algunos fueron aplastados por partes de la estructura que colapsaron, otros se ahogaron en las aguas heladas y algunos fueron arrastrados mar adentro, sin que nunca se encontraran sus cuerpos.

La inundación de las salas de calderas indicaba la presencia de un posible agujero en la parte inferior del barco. Las salas de calderas restantes, que aún no estaban inundadas, debían ser operadas para evitar que el barco explotara. Los valientes hombres que permanecieron en estas áreas durante el hundimiento perdieron la vida allí. Su sacrificio permitió que el barco mantuviera las luces encendidas y continuara emitiendo señales de auxilio, lo que resultó crucial para salvar más vidas. Además de estos heroicos tripulantes, varios empleados del servicio postal murieron en la sala de correo mientras intentaban rescatar paquetes importantes.

Al final del hundimiento, algunos miembros de la tripulación lograron abandonar sus estaciones en el barco. Sin embargo, al llegar a la cubierta superior, se encontraron con que todos los botes salvavidas se habían ido. Junto a varios maquinistas, observaron impotentes cómo el barco se hundía lentamente en el mar.

Muchos pasajeros de tercera clase perdieron la vida debido a la ubicación de sus camarotes en los pisos inferiores. La inundación  comenzó de forma rápida y progresiva, impidiendo a muchos escapar a tiempo. Este trágico desenlace se vio exacerbado por el diseño de pasillos y compuertas, planeados deliberadamente para mantener separadas a las distintas clases de pasajeros según las leyes internacionales de viaje y cuya disposición contribuyó a la pérdida de más vidas. Algunos relatos sugieren que la tripulación pudo haber cerrado puertas y bloqueado pasillos, impidiendo la evacuación de los pasajeros de tercera clase, posiblemente con la intención de priorizar la seguridad de los pasajeros de primera y segunda clase.

En medio de este caos, hubo valientes excepciones. Un camarero, John Edward Hart, desafiando el protocolo establecido, realizó múltiples viajes hacia los pisos inferiores para escoltar a los pasajeros de tercera clase hacia zonas seguras, demostrando un extraordinario valor y humanidad en medio de la tragedia.

Muchos de los pasajeros de tercera clase que no lograron escapar encontraron su trágico destino en sus camarotes. Algunos de ellos optaron por permanecer en sus cabinas por motivos que aún no se han esclarecido del todo. Un grupo considerable se reunió en el comedor para orar juntos en sus últimos momentos en lugar de precipitarse en busca de una salida incierta. Esta decisión, aunque desconcertante para algunos, refleja la diversidad de respuestas humanas ante situaciones extremas.

Otros parecían indecisos sobre cómo actuar, posiblemente esperando órdenes directas, ya que estaban acostumbrados a seguir instrucciones en lugar de tomar decisiones por sí mismos. Trágicamente, muchos de ellos perecieron aferrados a sus pertenencias, quizás en un intento desesperado por mantener un poco el control en medio del caos.

Mientras todo esto sucedía, se lanzaban bengalas de socorro cada diez minutos y los operadores de radio continuaban transmitiendo mensajes de auxilio. A pesar de los esfuerzos de comunicación, las opciones de rescate eran limitadas. El RMS *Carpathia*, aunque a menos de noventa y seis kilómetros, era demasiado lento para llegar a tiempo y solo llegaría después del hundimiento del *Titanic*. El SS *Mount Temple* intentó ofrecer ayuda, pero se vio obstaculizado por la densidad del hielo en la zona. A su vez, el SS *Californian*, aunque divisó las bengalas de socorro, decidió ignorar la señal, a pesar de estar a menos de veinticuatro kilómetros de distancia del *Titanic*.

Cuando los últimos botes salvavidas comenzaron a descender, la situación a bordo se volvió caótica. Un grupo de hombres intentó abordar a la fuerza el bote número catorce, que ya estaba en proceso de descenso. Para dispersarlos, un oficial del barco tuvo que efectuar disparos de advertencia al aire. Mientras tanto, se descubrió que el bote número dos llevaba a dos inmigrantes, a quienes otro oficial, bajo amenaza de arma de fuego, los obligó a abandonarlo para permitir que otros pasajeros subieran. Cuando el bote descendió, no estaba ocupado ni siquiera a la mitad de su capacidad y sin los dos inmigrantes dentro. Se supo también que un oficial, posiblemente llamado Murdoch, disparó a varios hombres que intentaban subir a un bote salvavidas antes de quitarse su propia vida.

En ese momento, el capitán Smith anunció que el tiempo de rescate había terminado, instando a que cada uno se salvara como pudiera. Se especula que el capitán se pudo haber hundido con el barco, mientras que otros sostienen que saltó al agua helada y murió. Por otro lado, el diseñador del barco, Thomas Andrews, optó por no abandonar la nave. Pasó sus últimos momentos fumando un habano en la sala de fumadores, enfrentando su fracaso. Después, intentó ayudar en el rescate arrojando muebles de la cubierta al agua para que los supervivientes tuvieran algo a qué aferrarse y pudieran flotar. Mientras tanto, el sacerdote Thomas Byles administraba los últimos ritos y escuchaba las confesiones de algunos pasajeros. A medida que el barco se hundía, la banda de música continuaba interpretando melodías reconfortantes para los pasajeros y la tripulación que quedaban a bordo.

Pronto, el ángulo del barco comenzó a cambiar rápidamente, acelerando su hundimiento mientras muchos eran arrastrados por las olas. Dos grupos que luchaban por lanzar los últimos botes plegables estuvieron a punto de perecer en el intento, pero finalmente lograron descender los botes y abordarlos con éxito.

En ese instante, con el barco inclinado a cuarenta y cinco grados, un estremecedor crujido rompió el silencio nocturno. Se presume que fue el estruendo de las calderas explotando y de partes del navío desplomándose en su interior. En ese preciso momento, se cortó la corriente eléctrica y todo quedó sumido en la oscuridad. Las personas empezaron a caer desde la cubierta al agua, mientras el barco se desintegraba súbitamente, hundiéndose aún más rápidamente. Dos horas y cuarenta minutos después de impactar contra el iceberg, el *Titanic* se hundió por completo.

El impacto inmediato

El mar estaba abarrotado de restos del naufragio. Los sobrevivientes se encontraban dispersos: unos en botes salvavidas, otros aferrados a trozos de la nave y algunos luchando en las gélidas aguas. La temperatura del mar rondaba los dos grados centígrados bajo cero, una sentencia de muerte para muchos. El frío congelante causó paros cardíacos y ahogamientos rápidos.

Algunos corrieron con la suerte de asegurar un lugar en los botes salvavidas, aunque había espacio para más de ellos. Un pequeño grupo logró subirse a un bote salvavidas plegable que había sido lanzado incorrectamente, lo que hizo que se llenara de agua helada. Los ocupantes tuvieron que sentarse en el agua durante horas y varios sucumbieron a la hipotermia en el proceso. Mientras los botes salvavidas se alejaban, los que quedaban en el agua clamaban por ayuda.

Lamentos y gritos desgarradores resonaban en el aire. Los ocupantes de los botes salvavidas, quienes pensaban que todos habían sido rescatados, quedaron estremecidos al escuchar los clamores de los abandonados. La desolación se apoderó de ellos al imaginar la magnitud de la tragedia. Desafortunadamente, los botes salvavidas no retornaron por temor a colapsar y volcarse. En las siguientes horas, los gritos se fueron desvaneciendo gradualmente mientras los indefensos sucumbían. Algunos de los ocupantes de los botes murieron por el frío o cayeron al agua y se ahogaron. Los demás aguantaron, sin comida ni agua, hasta que finalmente llegó la ayuda.

El rescate y respuesta

Eran las cuatro de la madrugada cuando los supervivientes fueron finalmente rescatados. Después de una noche llena de angustia, el RMS *Carpathia* finalmente avistó el lugar del naufragio, habiendo navegado a toda velocidad para llegar al rescate, esquivando icebergs en el camino. Treinta minutos antes de su llegada, el *Carpathia* se hizo visible para los supervivientes, brindándoles un último destello de esperanza y motivación para ayudarse mutuamente en medio de las difíciles circunstancias. Muchos de los rescatados se encontraban en botes salvavidas que estaban empezando a llenarse de agua, pero a medida que se acercaba la ayuda, fueron trasladados a botes más seguros para su evacuación.

Al amanecer, se hizo evidente el hielo que rodeaba a los sobrevivientes, con más de veinte icebergs visibles en los alrededores. Los pasajeros de los botes salvavidas fueron recibidos a bordo mientras los que estaban en el *Carpathia* observaban la situación con asombro. Algunos de los sobrevivientes más fuertes lograron subir por sus propios medios, mientras que otros requirieron ser levantados mediante eslingas. La operación de rescate tomó cinco horas para completarse. Posteriormente, el *Mount Temple* y el *Californian* también llegaron en busca de más sobrevivientes, pero no encontraron a ninguno. Mientras tanto, el *Carpathia* ajustó su rumbo hacia la ciudad más cercana, Nueva York, para asegurar que los sobrevivientes recibieran la atención médica necesaria.

Al llegar a Nueva York, los sobrevivientes fueron recibidos por una multitud de curiosos. Enseguida, diversos actos conmemorativos se planearon en distintas ciudades, incluyendo Southampton, Belfast y Nueva York, mientras se organizaban ceremonias para rendir homenaje a los sobrevivientes. Asimismo, se iniciaron campañas para recaudar fondos destinados a ayudar a los sobrevivientes y a las familias de los fallecidos. La opinión pública comenzó a cuestionar cómo supuestamente un "barco insumergible" pudo hundirse y por qué había tan pocos botes salvavidas disponibles. Esta interrogante fue impulsada, en parte, por los propios sobrevivientes, muchos de los cuales se sintieron engañados respecto a la seguridad del buque.

Cuando los sobrevivientes pisaron tierra firme, comenzó la desgarradora tarea de recuperar los cuerpos. Más de trescientos cuerpos fueron encontrados en total. Algunos fueron trasladados a sus hogares para recibir un funeral digno, mientras que otros fueron sepultados en el mar. Sin embargo, la mayoría de los cuerpos se perdieron, ya sea en las profundidades del océano o en el interior del naufragado *Titanic*.

Southampton experimentó un intenso período de luto después de la misión de recuperación, ya que muchos de los tripulantes y pasajeros fallecidos provenían de esta ciudad, lo que representó una pérdida lamentable de ciudadanos. En las calles resonaban lamentos desgarradores mientras los familiares y amigos despedían a sus seres queridos. La tristeza también abrazó a Belfast, donde incluso trabajadores más estoicos de los astilleros derramaban lágrimas abiertamente.

Las secuelas

Tras el trágico hundimiento del *Titanic*, una serie de cambios de gran alcance en la industria marítima se desencadenó. Tanto Estados Unidos como Gran Bretaña iniciaron exhaustivas investigaciones para comprender las causas del desastre. Los hallazgos señalaron deficiencias en las regulaciones existentes, lo que impulsó una serie de recomendaciones destinadas a prevenir futuros accidentes y mejorar la capacidad de respuesta en caso de emergencia.

Una de las reformas más notables fue la instauración de la Patrulla Internacional del Hielo (International Ice Patrol o IIP), una unidad especializada dentro de la

Guardia Costera de Estados Unidos. Su misión principal era monitorear y rastrear la presencia de icebergs en las rutas marítimas. Esta patrulla desplegaba regularmente embarcaciones para vigilar las zonas propensas a la presencia de icebergs, recopilando información fundamental para prevenir posibles colisiones y alertar a otros buques en la zona.

La escasez de botes salvavidas fue otro aspecto crítico que emergió tras el desastre. Se reconoció que un número mayor de estos equipos podría haber mitigado considerablemente la tragedia. En respuesta, tanto en Estados Unidos como en Europa, las autoridades exigieron que los buques estuvieran equipados con suficientes botes salvavidas para alojar a todos los pasajeros simultáneamente. Asimismo, se estableció la obligación de realizar simulacros de rescate y de incluir inspecciones de los botes salvavidas como parte del protocolo previo a la travesía.

Estas medidas fueron formalizadas en el Convenio Internacional para la Seguridad de la Vida Humana en el Mar, adoptado en 1914. Desde entonces, este convenio ha experimentado revisiones periódicas para adaptarse a los cambios en la industria marítima y garantizar la seguridad de los pasajeros y la tripulación en todo momento.

En respuesta al desastre, Estados Unidos promulgó otra legislación clave: la Ley de Radio de 1912. Esta medida tenía como objetivo prevenir tragedias derivadas de fallos en la comunicación. La normativa exigía que los dispositivos de radio a bordo de los barcos estuvieran operativos en todo momento y contaran con fuentes de energía alternativas para asegurar la continuidad de las comunicaciones en situaciones de emergencia. Igualmente, esta ley imponía a los buques la responsabilidad de mantener contacto con otros barcos cercanos, sin depender exclusivamente de las estaciones de radio en tierra. Ambas leyes estipulaban el uso de bengalas rojas disparadas desde un barco como señal de socorro para evitar malentendidos.

Durante este mismo período, el buque *Scotia* fue designado como una embarcación meteorológica especial en la zona de Terranova. Su principal misión era detectar icebergs y transmitir su ubicación a través del telégrafo tan pronto como fueran avistados. Esta información se comunicaba a todos los barcos que transitaban por la zona para alertarlos sobre posibles peligros.

Por otro lado, las investigaciones también atribuyeron parte de la culpa a la tripulación del *Titanic*. El capitán Smith no tomó las precauciones necesarias después de ser advertido sobre la presencia del hielo. El plan de emergencia del barco no había sido completamente desarrollado, preparado, ni practicado. Adicionalmente, la tripulación cometió un error al continuar navegando a toda velocidad en condiciones de limitada visibilidad y riesgos meteorológicos conocidos. Aunque estas acciones eran comunes en la época, las compañías involucradas no fueron consideradas como responsables de la tragedia, ya que muchas otras habían seguido prácticas similares sin enfrentar consecuencias. En cambio, el accidente fue catalogado como un inevitable "acto de Dios". La única manera de evitar que se repitiera era mediante la actualización adecuada de las leyes y regulaciones marítimas.

El legado en los medios

La tragedia del *Titanic* ha cautivado la atención de los medios de comunicación durante décadas. Desde documentales verídicos hasta películas de Hollywood que dramatizan los acontecimientos, el *Titanic* sigue siendo un tema de fascinación para la sociedad.

Inmediatamente después del desastre, se desató una ola de poesías sobre el naufragio en periódicos de todo el mundo. Elogios en verso llenaron las páginas de varios diarios, mientras que algunos poetas incluso publicaron colecciones completas dedicadas a los trágicos sucesos. Aunque algunas de estas obras resultaron hermosas y conmovedoras, muchas otras fueron, en el mejor de los casos, de aficionados. Para los editores de la época, estas composiciones suponían más bien una molestia. Los temas de estas poesías eran diversos, desde el sacrificio de la caballerosidad, destacando a los hombres a bordo que dieron sus vidas por otros, hasta reflexiones sobre la supremacía de la naturaleza sobre la humanidad.

Poco después de la tragedia, surgieron composiciones musicales inspiradas en el suceso. Durante el año siguiente, se crearon más de cien canciones sobre el naufragio, principalmente distribuidas como partituras y en discos de gramófono. La influencia del hundimiento se extendió a la música del sur de Estados Unidos, con numerosas canciones de bluegrass y blues que abordaban el tema. Sin embargo, la obra más destacada sobre la tragedia fue la canción "Tempest" del cantautor estadounidense Bob Dylan, incluida en su álbum homónimo de 2012.

Además, la tragedia del *Titanic* dejó una huella en la cultura afroamericana, influyendo en la música y el folclore. Se compusieron numerosas canciones que retrataban el suceso como un ejemplo de la insensatez de la sociedad blanca. En el folclore, surgió la leyenda de "Shine", un hombre negro que supuestamente había advertido al capitán del naufragio mucho antes de que se hiciera evidente, pero que fue ignorado debido a su raza. Se dice que "Shine" logró salvarse nadando hacia un lugar seguro, mientras que el resto de la tripulación y pasajeros no lo lograron.

En cuanto a la literatura, se han publicado numerosos libros sobre el *Titanic*, algunos de los cuales fueron escritos por sobrevivientes poco después del trágico suceso. Lawrence Beesley y Archibald Gracie fueron dos de los primeros en plasmar sus experiencias en papel, ofreciendo relatos detallados y entrevistas con otras personas involucradas. Sus obras fueron publicadas rápidamente, ofreciendo una visión valiosa de los acontecimientos.

Con el tiempo, varios miembros de la tripulación también compartieron sus experiencias en libros, ampliando la perspectiva del desastre. Sin embargo, a medida que el interés por el tema crecía, autores de diversos ámbitos comenzaron a contribuir con literatura sobre el naufragio. Lamentablemente, muchas de estas obras eran inexactas y exageraban enormemente los acontecimientos.

Fue en la década de 1950 cuando Walter Lord publicó "Una noche para recordar", un libro que marcó un hito en la precisión histórica sobre el *Titanic*. Basado en testimonios de sobrevivientes y una meticulosa investigación de registros históricos, esta obra ganó popularidad rápidamente por su fiabilidad y detalle. El descubrimiento de los restos del naufragio en la década de 1980 impulsó una nueva ola de libros sobre el tema, aprovechando los hallazgos y avances en la comprensión de la tragedia. Desde entonces, el interés periódico en eventos relacionados con el *Titanic* ha dado lugar a continuas publicaciones que exploran y examinan el trágico suceso.

La televisión de ciencia ficción ha encontrado en el hundimiento del *Titanic* un tema recurrente. Con frecuencia, este evento se representa como un destino en los viajes en el tiempo o como parte de una conspiración mayor en episodios de programas que abordan esta temática. Asimismo, las comedias animadas suelen hacer alusión a esta tragedia de manera irónica, convirtiéndola en material de comedia negra.

La película más icónica sobre el naufragio es "Titanic", protagonizada por Leonardo DiCaprio y Kate Winslet. La trama sigue las experiencias de dos pasajeros ficticios: Jack Dawson, un joven de tercera clase que obtiene su boleto en una apuesta, y Rose DeWitt Bukater, una aristócrata comprometida con un hombre de su misma clase. A medida que se desarrolla la historia, Jack y Rose se enamoran, desafiando las barreras sociales de la época, pero se ven separados durante el fatídico hundimiento del barco. La película ofrece una representación vívida del esplendor y la diversidad de clases a bordo, así como el horror y la tragedia del naufragio.

Además del cine, el Titanic ha sido tema de varios videojuegos que exploran su historia y legado. Algunos videojuegos, como "Duke Nukem: Zero Hour", utilizan el naufragio como telón de fondo para un nivel específico, mientras que otros, como "Titanic: Adventure Out of Time", sitúan toda la trama en torno al desastre, ofreciendo a los jugadores una experiencia inmersiva en la época y los eventos relacionados con el barco.

El impacto cultural

El legado cultural del hundimiento del RMS *Titanic* es extenso, desde la creación de mitos hasta la construcción de monumentos y la apertura de museos conmemorativos. La tragedia, con una mezcla de intriga, terror y desolación, continúa resonando en la humanidad, incluso después de más de cien años.

Inmediatamente después del hundimiento, surgieron numerosos mitos en torno al naufragio. Uno de los más destacados fue la percepción de que el *Titanic* era "insumergible". Sin embargo, esta idea no se respaldaba en una afirmación explícita. La publicidad de Harland & Wolff se centraba en la seguridad del barco, sugiriendo de que estaba diseñado para ser lo más seguro posible con la tecnología disponible de la época. En resumen, se enfatizaba la excelencia del diseño más que la invulnerabilidad absoluta del barco.

Entre las leyendas que nacieron tras el accidente, la más popular gira en torno a la banda del barco. Numerosos sobrevivientes  relataron que la banda siguió tocando incluso cuando el barco se sumergía en las profundidades del océano. Algunos incluso afirmaron que cambiaron de ubicación para continuar su interpretación a medida que el *Titanic* se hundía. Aunque se dice que su última canción fue el himno "Más cerca, oh Dios, de ti", la veracidad de estas afirmaciones ha sido cuestionada, dado que la mayoría de las fuentes que las respaldan abandonaron el barco mucho antes de que la banda finalizara su actuación. La canción exacta que marcó el cierre del concierto sigue siendo un misterio. Sin embargo, un testigo rescatado en el último instante afirmó que la música de la banda mantuvo un tono alegre, incluso hasta el amargo final.

Otra leyenda afirma que durante el hundimiento del Titanic se utilizó por primera vez el código de emergencia "SOS". Sin embargo, esta afirmación es falsa. En realidad, varios barcos ya habían utilizado el código antes que el *Titanic*. La mayoría simplemente prefería usar un código diferente que era común durante esa época. En el caso del *Titanic*, se utilizó una combinación de ambos códigos en sus llamadas de socorro.

Una de las leyendas más infundadas que surgió fue la llamada "maldición del *Titanic*". Algunas figuras religiosas atribuyeron el hundimiento a la ira divina, alegando que White Star Line, la compañía propietaria del barco, había incurrido en la desaprobación de Dios al no bautizar sus naves. Esta creencia se originó en una disputa entre protestantes y católicos en Belfast, ciudad en la cual se construyó el buque. Ambos grupos acusaron a White Star Line de favorecer a uno sobre el otro, lo que, según la leyenda, provocó la maldición divina sobre el barco. Sin embargo, no existen pruebas que respalden estas acusaciones.

De igual manera, los heroicos esfuerzos de un perro a bordo del *Titanic* también se convirtieron en leyenda. Esta historia, aunque basada en hechos reales, se convirtió en parte del folclore del desastre. Un perro de raza Terranova llamado Rigel desempeñó un papel crucial en el rescate de varias personas durante el hundimiento. El dueño de Rigel era William McMaster Murdoch, el primer oficial del barco. Se dice que los ladridos de Rigel ayudaron al RMS *Carpathia* a localizar a los sobrevivientes del naufragio. Aunque Rigel sobrevivió, su dueño no tuvo la misma suerte. Posteriormente, el perro fue adoptado por un miembro de la tripulación del *Carpathia*.

Más allá de las leyendas, el público también respondió erigiendo numerosos monumentos en memoria de las víctimas de la tragedia. Estos memoriales se alzaron en diversos lugares y países del mundo, especialmente en aquellos donde el impacto del desastre fue más profundo. Dos puntos claves en la ruta del barco, Southampton y Nueva York, erigieron imponentes monumentos en honor a los fallecidos. Del mismo modo, Belfast levantó su propio monumento conmemorativo en reconocimiento al papel que desempeñó la ciudad en la construcción del barco.

Otras ciudades, tanto en el Reino Unido como en Estados Unidos y Australia, se sumaron a este gesto de homenaje, entre ellas Colne, Glasgow, Godalming, Lichfield, Liverpool y Londres en el Reino Unido; Libertytown, Boston, Washington D.C. y Audubon en Estados Unidos. En Australia, tanto Broken Hill, en Nueva Gales del Sur, como Ballarat, en Victoria, también alzaron sus propios monumentos conmemorativos.

A su vez, en ciertas ciudades se construyeron museos con el fin de educar a las personas sobre este trágico acontecimiento. Igualmente, algunos museos existentes crearon exposiciones temáticas sobre el *Titanic*, muchas de ellas en Estados Unidos. En Branson, Missouri, hay un museo que alberga una réplica del *Titanic* (aunque solo tiene la mitad del tamaño del barco original) y se llama "Museo del *Titanic*". Una atracción similar en Pigeon Forge, Tennessee, fue desarrollada por la misma empresa. Además, la Sociedad Histórica del *Titanic* gestiona un museo en Indian Orchard, Massachusetts, conocido como "El Museo del *Titanic*". En Orlando, Florida, se encuentra la atracción "*Titanic*: La experiencia", que ofrece recreaciones del viaje inaugural con actores especiales.

Fuera de Estados Unidos, el Museo SeaCity de Southampton, el Museo Marítimo Merseyside de Liverpool y el Museo del Folclore y el Transporte del Ulster presentan objetos y exposiciones dedicados al *Titanic*. En Belfast, se inauguró una atracción especial para proporcionar información sobre el barco. El Museo Marítimo Nacional también cuenta con una colección sobre el *Titanic*. En Nueva Escocia, el Museo Marítimo del Atlántico de Halifax exhibe una exposición sobre el Titanic que incluye objetos auténticos recuperados del barco.

La tragedia del *Titanic* continúa dejando su huella en la historia y en el presente. Así lo demostró el accidente ocurrido en junio de 2023.

Una tripulación de cinco personas se adentró en un sumergible conocido como *Titán*, con el objetivo de explorar los restos del *Titanic*. El 18 de junio de 2023, la nave principal perdió comunicación con el sumergible y surgió el temor de que los ocupantes estuvieran atrapados, agotando lentamente su suministro de oxígeno. Se desató una búsqueda masiva que se prolongó durante días hasta que finalmente se encontraron los restos del sumergible.

Más adelante se determinó que el sumergible había implosionado debido al uso de fibra de carbono, un material frágil utilizado en la construcción de la cápsula tubular. Es probable que la tripulación haya recibido alertas de los sensores del sumergible antes de escuchar ruidos de crujidos procedentes del casco y perder comunicación con la nave principal. Tras intentos fallidos de regresar a la superficie, el sumergible probablemente entró en caída libre antes de implosionar minutos después. Todos los ocupantes murieron instantáneamente. Posteriormente se reveló que militares de varios países tenían conocimiento de la implosión en el momento en que ocurrió, lo que generó indignación por la inversión de tiempo y dinero en la búsqueda de sobrevivientes.

Este suceso desencadenó un aumento notable de las publicaciones en redes sociales relacionadas con el *Titanic*. Muchos teóricos de la conspiración intentaron establecer conexiones entre los mitos del *Titanic* y la tragedia del *Titán*. Otros usuarios optaron por crear memes y otros contenidos humorísticos centrados en ambas tragedias. Este tipo de contenido abordaba ideas como la supuesta reunión de los fantasmas del *Titanic* con nuevas víctimas gracias a la implosión del *Titán*, así como la presunta relación entre las muertes en el lujoso barco y los multimillonarios a bordo del sumergible. Sin embargo, muchas personas consideraron estas bromas de mal gusto.

A pesar de los horrores del naufragio, ha surgido un rumor sobre un individuo que supuestamente está intentando construir una réplica del barco, programada para zarpar en las próximas décadas bajo el nombre de *Titanic II*. Sin embargo, se desconoce el estado actual del proyecto, dado que se dice que comenzó en 2012 y no se han proporcionado actualizaciones desde entonces.

Conclusión

El hundimiento del **RMS** *Titanic* el 15 de abril de 1912 figura entre los eventos más trágicos en la historia de los viajes marítimos, cobrando la vida de más de 1.500 personas entre los aproximadamente 2.224 pasajeros y tripulantes a bordo.

El buque en sí era una maravilla de la compañía White Star Line, superando en tamaño y lujo a cualquier otra embarcación de su época. Con capacidad para albergar a numerosos pasajeros, tripulación y carga, el *Titanic* ofrecía una experiencia de viaje sin precedentes, incluso para aquellos en tercera clase, quienes disfrutaban de camarotes privados y espacios sociales bien equipados.

No obstante, las normativas de la época combinadas con una dosis de arrogancia por parte de los diseñadores y la tripulación desembocaron en una tragedia que marcaría un antes y un después. Siguiendo los protocolos de entonces, el capitán Smith condujo el barco directamente hacia un iceberg a toda velocidad. La falta de preparación para un posible naufragio sumió a la tripulación en el caos y la confusión mientras intentaban mantener el orden y auxiliar a los pasajeros en la evacuación hacia los botes salvavidas. Errores de comunicación contribuyeron a que se ocuparan los botes salvavidas con menos de la mitad de su capacidad real, resultando en la pérdida innecesaria de muchas vidas a bordo.

La tercera clase sufrió el mayor número de pérdidas debido a la ubicación de sus camarotes en la zona de mayor riesgo del barco. Además, las barreras sociales impuestas para mantener la segregación entre clases dificultaron el escape. Sin embargo, tanto hombres de primera como de segunda clase se vieron afectados por la falta de claridad en las instrucciones, lo que resultó en la negación de acceso a los botes salvavidas.

Aquellos que terminaron en el agua sucumbieron rápidamente bajo la mirada de aquellos que iban en los botes salvavidas. Aun cuando fueron rescatados por el *Carpathia*, los sobrevivientes quedaron marcados para siempre por la tragedia. Muchos experimentaron una profunda consternación y sentimientos de traición.

La reacción global fue de dolor y conmoción. En un abrir y cerrar de ojos surgieron monumentos y museos para honrar a las víctimas y brindar respaldo a los sobrevivientes. Las leyes marítimas fueron objeto de investigación inmediata y se modificaron para reflejar las lecciones aprendidas del desastre. Los medios de comunicación, por su parte, se sumergieron en la historia, produciendo tanto obras de ficción como no ficción en respuesta al suceso.

Al día de hoy, el *Titanic* sigue siendo recordado en todo el mundo. Desde la música hasta el cine, la narrativa se mantiene viva, con un interés y una pasión difíciles de igualar. Los lujos, la estratificación social y la tragedia evitable continúan fascinando a la humanidad. A pesar del riesgo evidente, los intentos modernos de explorar los restos del naufragio continúan, mostrando que la humanidad no puede resistirse al misterio y encanto del legendario barco hundido.

¡Gracias por leer este libro!

¿Te ha gustado? ¡Comparte tus impresiones conmigo y con nuestra comunidad de lectores! No olvides dejar una reseña en la plataforma donde lo adquiriste. Tu opinión es invaluable e importante para mí. ¡Muchas gracias!

- Scott Matthews

www.ingramcontent.com/pod-product-compliance
Lightning Source LLC
Chambersburg PA
CBHW072105110526
44590CB00018B/3325